JN409254

바람과 구름이 머문 그곳에 가면

박재근의 시 제4집

도서출판 채운재

바람과 구름이 머문

그곳에 가면

인 쇄 2014년 11월 25일
초판1쇄발행 2014년 11월 30일
지은이 박 재 근
펴낸이 양 상 구
웹디자인 최 선 우
펴낸곳 도서출판 혜은재
주 소 100-861 서울시 중구 충무로 2가 49-8
(서울빌딩202호)
전 화 02-704-3301
팩 스 02-2268-3910
H.P 010-5466-3911
E.mail ysg8527@naver.com
정 가 10,000원

바람과 구름이 머문 그곳에 가면

"그곳에 가면"

정인 박재근 시인 수필가는 울산 출생으로
1965년~1970년, 10여 년 동안
각종 문예지에 작품을 개재하다가 건설업에
임한 후 문학의 길을 떠나게 된다.
그러나 그는 2000년부터 다시 글을 쓰기
시작했으며 2011년에 동료 문인의 권유로 시와
수필 부분으로 정식 등단하여 지금에 이르고,
2011년 대한예술인 협의회 전국시인대회에서
대상 수상을 계기로, 현대문학사조 작가상
서석문학 작품상, 새부산 시인협회 작품상 등을
수상하고 현재 현대문학사조 편집의원과 작가회
회장을 맡고 있으며, 새부산 시인협회 상임이사,
및 서석문학과 영남문인회 등에서 활동 중이다.

저서로는 1965년도 넝쿨이라는 동인지를 비롯하여
제1시집 바람과 구름이 머문 흔적
제2시집 바람과 구름이 머문 순간
제3시집 바람과 구름이 머문 자리 외
동인지와 특선 시인선집 17집이 있으며. 이번에
제4시집 "그곳에 가면" 을 상재하게 된다.

자서

한때는 나를 문학청년이라 했다. 그게 50년 전이다.

한국문학 전집이나 세계문학 전집 단편집 현대문학 자유문학 사상계 등 닥치는 대로 읽은 기억이 난다, 월간 잡지 등에 내 이름이 뚜렷한 시편이 오르면 하루에 수십 통 오는 격려의 편지가 산골로 오는 우체부 아저씨를 힘들게 했다, 꿈같은 시절이었다.

지나간 세월은 다 꿈이라 했던가? 결국, 당시의 시대 상황 자유당의 횡포와 4.19, 5.16등과 그에 연계된 오리무중의 시간들은 많은 문학인을 방황하게 했고 더러는 페시미즘에 젖어 될 대로 되라는 식이었고 그 지긋지긋한 가난의 굴레를 벗어나는 길이 우선 이였는데 만물이 풍족한 이 시대를 살면서 되돌아보니 결국 그 시절이 꿈같은 세월이 아니었나 생각이 든다. 문학을 접은 지 50여 년의 세월이 지났다.

문학이란 마약보다 강한 중독성을 지녔기에 결국 나는 10여 년 전쯤부터 다시 글을 쓰기 시작했지만 체계적인 논리와 이론적인 전문인을 따르기엔 역부족이었고 신춘문예나 상금을 노린 전문 꾼을 배양하는 역류의 흙탕물을 볼 때나, 영리를 목적으로 하는 각종 월간 계간지에 장사꾼을 모으듯 시인을 배출하는 짓거리 등은 순수문학을 위장한 금전과의 타협적 현실을 외면하고 싶었지만 결국 나도 문학의 마약을 복용한 처지로 전락하였다는 사실을 부인하지는 못한다.

오늘 제4 집 "바람과 구름이 머문 그곳에 가면"의 시집을 낸다, 1집 "바람과 구름이 머문 흔적" 2집 "바람과 구름이 머문 순간" 3집 "바람과 구름이 머문 자리"라는 일련의 제목 그 자체가 바로 나의 시이다. 표절은 물론 교묘한 방법으로 모방하여 그럴듯한 시화로 위장한 시인들이 득세하는 이 마당에 일찍이 유명세를 탄 시집에 비하면 초라하기 그지없어, 단 한 사람의 독자가 있을지도 의문이고 홍수처럼 쏟아져 나오는 유, 무명인의 시집 속에 한 권이라도 팔릴까 생각되지만,

아름다운 세상을 동경한 문학 소년이 바람에 쏠리는 갈대밭 언덕에 서서 지나간 세월을 반추해 보는 황혼에 그 의미를 두고자 함이다.

가을의 끝자락 11월에

제4 시집

바람과 구름이 머문 그곳에 가면을 펴내며

情人 박재근

차례

제2부 / 유정 무정2 有情 無情

제3부 / 살다보면1

제4부 / 살다보면2

제5부 / 그곳에 가면1

제6부 / 그곳에 가면2

제1부 유정 무정

그곳에 가면

타향에 가을비 내리네
울산 호계 225번지에도 내리는가

살다 보니 묻힌 그곳이
타향 하늘 빗물에 흐르네

아이야
언제 한 번 다녀왔던가
꿈같은 그 시절

빈 들녘에 저 가을비
타향 땅 저문 날에 내리네

주민등록증

너는 그대로
지금의 나를 대신하기엔
너무 젊다

이생의 마지막에서
저승의 길에 들 때
잿불이 되거나
빛바랜 추억이 되거나
운명의 정표

인생 여정에
까닭 모르게 동행된
시효 없는 승차권

꽃 비

누가 저 속으로 가면서
젖기를 마다할까
사는 일이 꽃 비 같으면
나 평생을 젖겠다.

아픈 듯하여
가만 가만 젖는 것이
아련한 이별 같아도
꽃물인 것을

눈밭

아득함이
산사 처마 풍경처럼 맑다
고운임 버선발 지나간
모두가 내 안의 뜨락
고요는 저런 것이야
빈 몸의 산을 걸어와
슬픔이듯
달빛 지나가듯
아련한 그리움이야

봄비

저것 보세요.
아스라이 젖어오는 것
산 등으로부터 골짝으로
미처 우리가 닿을 수 없는 곳까지
가뭇없이 내려 들을 적시고
강물로 드는 저것 보세요

지난 겨울
폭설에 묻힌 적막 위로
마을로 내려온 짐승의 발자국
한 계절의 아픈 생애를
고만 고만 지우며 오는 저것 보세요

저 소리 없이 오시는 것을

초봄의 순정

한 무리 사태라도 날듯
개나리 호들갑스레 피어
노란 부리 햇볕을 쪼아 먹고

언 발 녹여 흘려보낸 산골 겨울이
징검다리 건너가면
남녘 바람은 버들가지에 매달려
느긋하게 그네를 탄다.

흐트러지지 않은 자연의 다정은
하늘로 날아오르는 연둣빛 꿈이 되고
여인의 수줍은 치맛자락 속으로
은밀한 향기로 울렁거리는
화사한 그리움

춘삼월

덕배 꽃구경 가자는데
꽃 같은 내 누이 뒷들로 나가
애꿎게 봄을 은장도로 베어와
무쇠 솥 화가 나도록 죽 쑤던

누이의 봄이 그렇게 가고
뒤 돌아보며 시집가던 날
앞선 아버지 뒤에 어머니의 눈물

산 까치도 울었던지 모르겠다

상상을 초월한 문명의 수혜자로
만물이 풍족한 이 시대를 살고 있지만
달빛아래 덕배의 풀피리 소리에
잠 뒤척였을 내 누이의 봄

그때가 나에게도 춘삼월이었다.

그곳

지나치는 길에
그날같이 동백은 피어 반기는데
누가 부여잡고 저리도 울었는지
애간장 태운 흔적 절절 하다

돌아서면 언제
이름 모를 이 또 울다가 갈까 봐
편지 한 장 써 두고 가노니
울지 말아요

운명이면 그대가 그곳을 지나칠 때
내가 대신 울고 있을지
그대가 기다리는 사람처럼
나도 보고 싶은 이 있다오

아침 단상 斷想

창밖 몇 그루 나뭇가지에
새소리 매달리고
가끔 툭 건드려놓고 날아가면
바람이 따라나서는 풍경

자질구레한 생각을 잘게 썰어
밑동에 흩뿌리면
톡톡 내려앉아 거두어 주는
상념의 그림 한 폭

휴일 아침을 넓게 편다.
푸른 이파리에 별이 살아 있다
아무 경계도 없는 꿈의 일렁임

누군가 이 아침에 올 것 같다.

감동

아직 겨울을 껴입은
가랑잎
봄비 내리니 길 나선다.

숭숭 구멍 난 상처로
우 쏠려 머문 곳

윤회의 의식이듯
은밀히
누군가를 불러내고 있다.

불면의 시간

가을밤을 끌어 덮고 있다
벌레 울음이 이불 속 온기로 온다
가랑잎이 춥겠다
이슬이 파래져 기웃거린다
이 밤중에
올 사람도 없을 건데
성에 어린 유리창에
이름 하나 쓰다가 지우다가
삼경의 곤한 가을밤이 뒤척일까
산중의 방도 불을 끈다

만추1 晩秋

꿈속일까
나직한 숲의 기도와
모르듯 흘러가는 강물과
들풀의 이별 이야기

생시일까
감춰진 내 작은 뜨락에
가랑잎 들어와 쌓이고
잎 진 가지 사이 야윈 낮달

현실일까
제 몸 다투어 불타던 산도
스산한 바람에 휘감겨
결국 하얀 서릿발의 무덤

오오 쓸쓸함
홀가분하게 하산하여
소리 없이 지워지는
거룩한 희생이여

만추2 晩秋

사연 많은 편지
붉게 여미어
눈물로 쓰는 이별 이야기

만추3 晩秋

아득한 봄날에 떠나간 사람아

화려한 축제다

솟구쳐 나는 가창오리 떼의 날개짓 사이로
노을이 빗겨 나와
강기슭 갈대밭 붉게 물들이고

멀리 나앉은 한 쌍의 황새도
빈 들녘을 걷다가
마침내 비상을 결심하는구나

고요한 아우성의 동행
추락하지 않는 삶의 아름다움인데

아득한 봄날에 떠나간 사람
이 가을빛 속으로 한번 다녀가면 좋으련만

가을 소묘 素描

1
간다
어딘가 미련 있을까
밟히어 아파하던 그곳에
아름다운 흔적 하나 남겨질까
가야 할 길 가는 비애라도
누군가 알기라도 하면
아낌없이 보낸 한 생이
이렇게 덧없지는 않을 건데

2
인제 모두를 가슴으로 추억하며
민들레 홀씨 같은 이승의 자취들을
아낌없이 내던지고
마지막 참회할 일 하나쯤 지닌들
그 누가 탓할까
미련의 헛된 꿈에 그렁그렁 맺히어
붉게 떨구는 눈물이여

나뭇잎

뒹굴며 달아나는 나뭇잎 여럿
우 쏠리다가
찢긴 상처 사이로 바람을 먼저 보낸다

거뭇거뭇 반점
온전한 데라고는 없는 것이
구르다가 멈춘 것도
갈 길 한번 생각하는 여유

무심타만 할 일도 아닌
정주고 받을 일이지만
바람 따라가는 저들을 보니
삶이 너무 버겁다.

바람의 길

바람의 통로를 막아선 나무들이
쏠리면서 소리를 낸다.
길이 휘어지는 아픔이다

햇살이 바람 뒤에 머물고
눈꺼풀처럼 파르르 떠는 나뭇잎
바람 길에 내몰린다.

바람 길에 나선 사람
숲 속을 기웃거리다가
뜨거운 말 한마디 듣는다.

막지 않으면 물처럼 흐를 일들
새의 깃털도 바람의 방향이고
뜬구름 흐름도 바람의 길이다.

되돌리지 못하는 세월도
바람의 길인 것을

제2부 유정 무정

무정한 세월

너를 향한 화살이
빗겨나
또 하나의 화살을
시위에 걸었지만
언제나
과녁이 너무 멀다.

그곳에 가고 싶다

옛 봄의 산 잎들 푸르게 살아 있는지 모르겠다.
수십 년이 엊그제 같은
선연한 고향 사람들 그 가난들 벗었는지 모르겠다.
치매처럼 깜빡 잊었다가 깨어난 듯
여기가 어딘지 언제나 낯설게 살아도
마을 팽나무 곁에 오색 깃발을 흔들던 장승에게
많은 사연 주고받던 그곳
꿈이듯 자고 생시이듯 일어나서
한 점 부끄러움 없이 살지는 못했어도
떠날 때 산 까치 마을 멀리 따라 나와 당부하던
그것까지야 잊었겠느냐
늙으면 갈 곳도 멀다지
내일모레쯤 한번 다녀와야겠다
아직 멀쩡한 정신일 때 나무 지겟짐 내려놓던
뜸봉할배 무덤도 둘러보고.
면사무소 아버지 호적계장 회전의자에 앉아도 보고
어머니 살 내음
뙤약볕 보리밭 이랑에 스며있을지
티끌 같이 날아오른 종달새 소리도 있을지

이별 그날

촛불의 흔들림에도 사그라질
가랑잎인들 그러했으랴
남은 불씨처럼 오늘을 못 넘길 듯한데
갑자기 아내가 혼자 말이듯 묻는다
오늘은 내 곁에서 자 줄래
얼마나 듣고 싶은 말이던가
그래 그래 알았어
아내의 눈가에 눈물을 보았다
아내가 무엇을 느꼈는지 손을 내민다
싸늘한 손끝의 이별이 닿았다
가지마 아내를 가슴에 묻었다
그 해 그 이별
아무것도
잘 가라는 말도 못했다
아직도

춘궁

어머니의 눈물 자국
슬픔을 보셨는지요
목련의 화사한 웃음에 가려진
그날의 우리 어머니 보셨는지요
바람이 일렁일 때마다
아파하던 얼룩 그 위로
찔레 순 잘라오시던 우리 어머니
4월을 그렇게 나서
풋보리 영그는 비탈밭이랑 위로
종달새 까마득 날아올라
싫다 싫다 울던
꽃분 가득한 4월의 하늘같은
우리 어머니의 세월 아시는지요

형아

달빛 타고 흐르는 하모니카 소리
홀연히 그 소리 찾아 나서면
강둑을 넘쳐 나는 홍수에도 끄덕 않고
온갖 쓰레기 휘감고 서 있는 수양버들
형아는 거기 있었다

사금파리 뿌린 듯한 별을 보다가
형아와 나란히 동구로 들어서면
언덕 베기 집 바깥마당에
타닥타닥 모깃불 튀는 소리
반딧불 날아다니던 유년의 내 고향

걸어온 길 까마득하여 불러보는
강물 같은 세월아
시작도 끝도 모를 이길
형아는 지금 어디메쯤 가고 있는가

유정 무정1

하필이면 비 퍼붓던 날
이별했다는
그녀의 첫사랑 얘기를 들을 때마다
비는 장대로 내렸고

하늘이 온통 그리움이라고
창밖을 내다보는
뒷모습 허전해질 때면
산마루는 온통 노을이었다

유정 세월이 무정해지는
시월의 끝자락 같은 황혼이라도
나는 그녀의 그는 나의
또 한 번의 첫사랑이고 싶은

유정 무정2

아직 남아있는 삶을
한주먹 쥐고도
마땅히 갈 곳 없는
일흔 남짓

무디어 지워진 줄 알았는데
그리움 하나 일어나
만지작거리는 소리
비처럼 내려
도랑물이 되네요

유정 무정3

표지가 주홍색인
아버지의 일기 집
두 해쯤 쓰면서 이어지고 끊어진
삶의 단면이 지워져 가는
마침표들의 얼룩

50년 전 60년대의 시간.
불가능이 가능해지지 않은
선택받지 못한 것들이 전부인
자본주의가 만든 노예의 흔적

代의 어느 후면 어디쯤에서
家寶나 골동 書冊으로 남아
신비로운 존재로도 남지 못하는
순수함이 처절하게 몰락해간
증언서 같은 시대의 모순

경고의 의미 이거나
어쩌면 심중의 전언이거나.
지금 나는
곧은 사리하나 들여다보고
눈물로 씻고 있다.

유정 무정4

가을걷이 끝난 들녘을 벗어나고 있는 기차
아직 감정이 남아 있다는 것인지
차창에 어리는 것들 하나하나 바짝 당겨 안아보는데
모두가 무정이다

빈 들녘을 미련 없이 벗어나고 있는 기차
나도 벗어나고 있다는 걸
잠깐 스치어보면
멀리 지워지는 것들이 안타깝다

야속하게도
이젠 그만 모두 잊으라 한다.
못다 한 얘기 있으면 훗날 있을 거라고
등 토닥이며
오늘만은 그냥 가자고 한다.

유정 무정5

지나간 일들이 뜬금없이 찾아와
허접스런 말 걸어오지만
그와 노닥거릴 한가한 시간도 없고
길은 아직도 멀다
곰곰 생각해 보니
이번 운명 아무래도
던져놓은 주사위 잘못 짚었지 싶다

추석 명절

아이들 웃음소리 마당에서 뛰는
해거름 굴뚝 연기 대숲 위로 넘어가면
산아래치에 알밤이 굴러 내리는 소리
아무렇게나 핀 코스모스 길 따라가면
어머니의 그림자 저만치서 서성이고

대면이 뜸해 낯선 객으로 오인한 누렁이는
마을 하나를 물고 흔드는데
아버지의 헛기침 두어 번에 꼬리가 웃고
나는 그제야 고달팠던 타향의 짐을 풀고
넉넉하고 아늑한 부모님 품에 안기던
그 시절을 추억한다.

이제 내가 객지나간 아이들의 고향이 되고
불편한 짐이 될까 염려되는 명절 전야
만남의 기쁨과 소통의 의미가 형식화되고
봉투 하나 아니면 건강식품 한 상자에
만족해야 하는 현실
또 한 번의 명절을 맞게 되는 씁쓸함

여름과 가을 사이

뜨겁게 울어라
한낮을 울어도 모자라면
노을 끝까지 울고 가거라
그 울음 다하여
허공이 되어라

떠날 때를 알고 떠나는
미처 몰랐던
이별의 여백 속으로
가을이 슬몃드는
그 사이
황급히 달아나는 무정한 세월

유서1

내가 죽었다 하면
내가 죽었는가 잠시 생각하고
내가 죽었다면
한 이삼일
죽은 듯 있다가
내가 갈 길을 택하고
내가 죽은 것을 이해한 사람들이
죽었다 이후 살아 있다가 죽었다고
알게 함이
내 유서의 전부다.

유서2

화장 이거나 산장, 풍장, 수장이거나
산자의 몫이다

미처 정리하지 못한 이세의 흔적들
검불이듯 없이 여겨 불 지르지 말고
망망해 통통배에 실어 띄워라

다 사하지 못한 전생의 업
자식이 보면 뉘우쳐 거둘 것이고
세상 사람들이 보면 생각할 일들이다

돌아보면
때로는 타협에 굴복된 것이라도
이생에서 해결되지 못한 억울함이다

내 것은 아예 없었다.
이젠 버려라
바람 가는 쪽에 나를 놓아라.

유서3

젖어 산다는 슬픈 의미를 안다는 것은
마른날의 생각이다
장맛비에 습한 날개는
마른날에 비상이 무겁다
날개 젖은 잠자리의 추락 같은
고층 옥상에서 하강하는 엄마와 아이
마른땅을 적신 핏자국의 암호는
우리들의 유서다.

유서4

세상 종말이라도 낼 듯한 장맛비 멎자
햇살이 득달같이 달려든 마른 땅에
지렁이 한 마리 길을 잃었다
봄이 오는 듯 가는 듯 아직 요원하고
황사의 바람뿐인 이 땅의 맨살위에
붉은 띠를 두른 징그러운 시위다

앞이 캄캄하여
희망 없이 떠도는 노숙자의 하루도
밤이면 지하로 찾아들어 꿈을 꾸고
잃어버린 과거를 찾아 헤매이는데
어찌
하루 볕에 죽어가기를 자청하는가
눈도 귀도 감추고 산
세월의 이야기를 하자는 것이라면
이 땅에 살아있을 자 아무도 없다
죽어가라, 온몸의 팍팍한 피를 뱉어내고
꼿꼿하게 죽어간 마른땅의 흔적이
내가 쓰려했던 유서의 대필이라 하겠노라.

-눈꽃이 피면 / 강승희-

하얀 몸매에 어울리게
눈꽃이 탐스럽게 핀

설화 만발한 세상
자작나무 숲길을 간다.

눈꽃 길을 걸어가면
눈사람이 된다.

하얀 마음 안고
때 묻지 않은 순수함으로

동화의 나라를 찾아서
훨훨 날아가면

백설공주
썰매 타고 오는

사슴 목의
풍경소리 은은하다.

이미 예감된 주검 앞의 글 인듯하여 이 작은 눈에 눈물을 어리게 합니다.
선배님.
당신은 이제 고뇌의 시에서도 이별 했습니다.
훨훨 날아 바라셨던 동화의 세계로 뒤 돌아보지 말고 가시기 바랍니다.
사슴 목의 은은한 풍경소리 나는 곳으로
선배님 사랑 했습니다.

2014년 6월13일 후배 박재근 올림

便紙
남기고 간 시 한 편

별 뾰족한 대안도 없으면서 세상사 이런저런 걱정을 하다가 새벽 3시에 잠이 들었는데 머리맡에 둔 핸드폰이 울었다. 응급 결에 받아보니 동료 여 시인의 목소리다. 아침 6시 59분.
원로시인 강승희 선배님이 돌아가셨다는 전갈이다.
아, 끝내 일어나지 못하셨구나, 아직 아닌데 이렇게 유명을 달리하다니

향년 76세로 기억하지만
이 못난 후배가 얼마 전 안부 전화를 할 때만 해도 그 특유의 온화한 음성으로, 항암치료를 받는 중이고 많이 좋아지고 있다 하여 안심을 했는데 이렇게 슬픔을 접하다니 문병 한번 가지 못한 후회가 아침을 흔들어 놓는다.
이렇게 사후에 용서를 빌다니

선배님.
그게 마지막일 줄이야, 이 못난 후배가 보낸 선물 갖고 가셨는지요.

제가 속해 있는 소속사에서 회원들이 부를 노랫말 가사를 공모했는데 그 많은 응모자를 누르고 당당히 당선되었기에 축하의 말씀과 보내드린 상장과 상품을 말입니다.

3년 전 대한문학 세계에 함께 있을 때 고향이 제가 사는 곳에서 30분 거리인 밀양이라 더욱 친밀해 졌지만 좋아하던 약주 한잔 제대로 받아드리지 못했습니다. 가끔 고향에 오신다거나 부산으로 오실 때면 연락을 주셨고 그럴 때마다 제가 가겠다고 하면 일행이 있어 그냥 올라간다고 웃음으로 고맙다고만 하신 목소리를 이, 아침을 열고 찾아 나섭니다.

서울과 김해라는 천 리 길을 뛰어넘어 가까이 계신 듯 안부 전화를 하면 서울 오면 꼭 연락하라 하셨지요. 그러나 무엇이 그리 급했던지 번번이 그냥 오기만 했습니다.
후회스럽습니다.

이제 이 세상에서 그 다정하고 인자한 모습은 뵈올 수 없습니다. 저희 봄 문학지에 개재된 마지막 시편 "눈꽃 피면"의 1편이 마지막 남은 선배님입니다.

제3부 살다 보면 1

하루살이

삶은 불빛인가
하루를 살자고 저리 어둠을 뚫는다.

데이고 추락하는 하루살이 떼는
주검 따윈 무의미하다.

하루를 살아도 저리 환한 불빛아래라면
후회 없는 생이 아니런가

차라리 하루살이의 주검이
한없이 황홀하다

자기야

갈래머리 참으로 설레게 했지
플랫폼을 통통 튀며 빠져나가던 소녀
한평생 가시 꽃으로 남았었지

세월은 흘러
그 소녀 반백의 여인은
또 만날 수 있을까 되물으며
취해 흐트러졌었지

와락 울고 싶었지
사랑도 연정도 세월이 흐른 뒤면
우리는 지금 어디쯤에서
무엇으로 서 있게 되는지

자기야 잘 있지

모른다, 아니다, 할 리야 1

인연이 되지 못해
스쳐 간 바람이듯
당신과 나 사이 그랬을 리야

살아있다는 존재감만으로도
이토록 행복인데
그 마음 알지 못한다.
설마 그랬을 리야

가까이 닿지 않아 목이타서
누군가 먼저 가 버리면
우리 그리워한 만큼 우는 일

설마
모른다, 아니다, 할 리야

모른다, 아니다, 할 리야 2

분명 아닌 줄 알아
막 골목으로 들어서버린 뒷모습이
당신 같다고 생각 했어
뛰어가 볼까 하다가 픽 웃고 말았어
이토록 분명 아닌 것이라도
당신 같다는 이 심중
당신은 알까 몰라

山寺의 아내

한번 다녀가라기에 새벽같이 집을 나선다.
잿물 승복 입은 아내가 산 아래까지 나오면
산새 몇 마리 폴폴 앞장세우고
열반의 극락왕생 산문으로 들어서겠다

108배에 능엄주 읽다가 참선도 하고
고사리 꺾고 산 두릅 따다가
가시에 찔렸다면서 해맑게 웃는 모습
숲 속을 흘러내리는 청아한 물소리 같은
속세를 잠시 비켜난 보살을 만나리라

산 겹겹 이름 모를 나무들이 새소리 매달고
청학 골을 지나는 바람에 일렁이면
노송 몇 그루 데리고 누워있는 능선의
봉긋한 무덤 옆에 앉아
우리도 이리하자고 약속하리라.

지리산 기원정사의 밤

대숲을 헤집고 드는 바람소리뿐
법당도 요사체도 깊은 잠에 드니
백팔배로 씻어 내려한 중생의 마음이
되려, 고뇌로 가득하다

천 배 삼천 배 만 배를 한다는 보살
염주 한 알 한 알 손끝으로 헤이며
육신의 고통을 인고하는 일
무슨 사연이 그리도 깊었을까

잠 못 이루어
절 마당에 나서니
돌돌돌 흘러드는 물소리
적막의 산을 내려가는 저 청아함

오스스 밤바람이 차다
산은 나를 누르고
선 이대로 부처에 귀의하면 좋으련만
벗지 못하는 속세의 연 안타깝다.

공항의 이별

대기실에서
출구로 가는 안쓰러운 뒷모습
언제나 그랬다
가야 하기에 보내는 마음

집으로 오는 길에
하늘을 날고 있는 그를 찾으면
한참을 벗어나지 못하고
구름 속을 들락이다가 사라지는

그도 나처럼 생각이 기득하면
하늘의 창에 눈을 붙이고
까맣게 작아지는
지상의 나를 찾고 있을 거라고

공항 길 신호등에 멈춰 설 때
차창을 열고 손을 흔들어 주는

조개구이

밤 깊은 광안리 포장마차에서
조개를 굽는 여자
칼끝으로 억지로 입을 벌리다가
소주잔을 든 나를 본다

조개의 습성이 화끈 데워져야
스스로 제 몸을 여는 것인데
성급한 손님 비위 맞추느라
여자의 마음도 조급하다

화덕 열기 숨 가쁘다
냉정히 달구어지는 은박지
포장마차 여자의 일생처럼
몸이 타는 조개

자글자글
광안리 밤바다도 애가 탄다.

그랬으면 좋겠다.

다 벗어던지고
뱃길 뜸한 작은 포구로 흘러들어
늦은 밤 포장마차에 불하나 내어놓고
졸고 있는 여자 꼬드겨
파도소리 철썩이는 고독한 해안을
새벽까지 거닐어 봤으면

운이 좋으면
여관방 하나 장기투숙으로 얻어놓고
팔다 남은 안주 한 접시에 소주 두어 병 챙겨들고
몰래 숨어드는 갯벌 같은 여인과
신접살림 같이 한 서너 달 살아 봤으면

이른 아침 갯바위로 나가
여명의 바다 멀리 낚싯대는 헛것으로 던져놓고
수평선 중간을 시위처럼 끌어당겨
과거를 걸어 멀리 보내고
황홀한 밤이 오기를 기다리는
첫 설렘 같은 것 실컷 누려 봤으면

소문이 꼬리를 물라치면
미련 없다 무정히 떠날 때
여인은 낡은 뱃고동처럼 울면서
포장마차 뒤쪽에서 멀어지고
뭍으로 나가며 손 흔드는 나그네를
평생 잊지 못하는

비밀 하나 간직해 봤으면

비는 내리고

마을 어귀를 돌아 나가는 완행버스
차창에 어리어 드는 젖은 풍경이
다가왔다가 멀어지는 것이
움직이는 한 폭의 그리움입니다

그제야
어디쯤에서 내릴까 생각하다가
이대로 가면 어디쯤에서
되돌아서게 될까 생각하다가
그리움에서 뛰쳐나옵니다

비는 내리고
흘러가는 강물의 아득함 속으로
무정의 이정표가 멀리 왔음을 알립니다

오도 갈 데도 없어 망상에 사로잡히는
살다 보면
이렇게 미치는 날도 있습니다.

순애보

술 취한 사내가 울던 날
함께 울었노라고
다정 다정 웃으며 얘기하던 여자

무심코 던진 아픈 과거
아랑곳하지 않고
목련처럼 환하게 웃던 여자

제 몸 태운 잿불의 열기라도
인생은 지금부터라고
사내를 감싸 안던 여자

오래전 읽은 순애보 같은
하나가 되는 연리지 사랑
그 사내와 그 여자

아린 기억에 마지막 불씨
활활 한 몸으로 타오르는
아름다운 친구의 사랑 이야기

뚱딴지

산으로 갈까 바다로 갈까
모처럼 어떻게 사나 시골 여동생 집으로 갈까
돌아오는 길에 고향 들러 친구와 술 한 잔 할까

광주 이 시인 만나러 갈까
소식 없는 강화 시인 옥이 만나러 갈까
장사는 잘 되는지 강원도 정시인 만나러 갈까
詩를 걷어차고 살아야 한다며 소식 끊은 박시인

아니다
울릉도로 가보자 많이 변했겠지
나리동에 비단 단풍 저동에 촛대 바위 그립다
추산폭포는 이때 쯤 빙벽을 이루었겠지
후박 열매가 호박엿으로 둔갑한 사실

되돌아 나오면 강구로 가서 대게 한 마리 먹고
망양정 누각에서 넘실대는 동해도 보고
죽서루 마당에서 오죽헌의 하늘을 보고
낙산사 월송정에서 시 한 수 읊으며
경포에서 달도 건지고

더 갈 수 없는 곳까지 갔다가
밤을 쫓는 기차를 타고 시베리아 인들 어딘들
아 눈이 내리려나 비가 오려나
희부연 하늘이 나를 부추기는 저물녘에

사랑이 그리울 때

하릴없는 짓인데
창밖에 내리는 봄비에서
당신을 느끼고 있다
잘 있겠지 일러주며

아닌 것이 아니야
봄비 속을 걸어오는
당신을 보고 있다
젖을라 젖을라 일러주며

보고 느끼는 당신 모두가
봄비를 닮았구나
하염없이 젖어드는 옛일
잊으라 잊으라 일러주며

지우기

이름 모를 선창 한쪽을 빌려 떠나는 것들에 부탁하며
다시 돌아올 때 나 여기 없더라도
행여나 널 오래 기다렸다고 말 해둘까

모두가 아닌 길 그 아집에서 벗어나
그리움이라도 지녔을 때 다시 돌아오겠다. 기별해도
이젠 지난 일이라 해버릴까

설렘의 그 처음 같은 추억 오래전 버렸지만
미처 몰랐던 것이 생각나 후회한다 해도
이젠 늦었다 돌아서게 할까

인연이 될 듯 왔다가 스쳐간 무수한 자국
긴 고통을 감내하는 이 심중 영원히
다시는 당신을 기다리지 않는다.

인연

어디서 오는 것인지 몰라도
언제부터인가 우린 알 수 없는 것에서
오고 있었다는 것이다

헤아릴 수 없이 소멸하였다가
빛으로 우주 정 반대의 곳에서
다시 시작된 것인지도

어쩌면 물방울 하나이었거나
풀잎 위 이슬로 있다가
유기질의 세포에서 시작된 것일지도

아니야,
가늠할 수 없는 전생에서 이별한 후
다시 만나야 하는 운명이었기에
그래서 마주하지 않았을까

내 사랑

어느 밤길을 돌아다니다 오는지
온몸이 젖었구나
가을바람 서성이는 강기슭
가버린 철새의 둥지에 들었다가
잠들지 못하여 새벽까지 서성인 것인가

함께 할 수 없음의 그리움을 버리지 못하고
가슴 모질게 헤친 흉한몰골이 되어
신열에 뒤척이는 애틋한 밤을
나인들 어쩌라는 것인가

또 어디로 나설 것인가
꿈자리를 배회하려는 너의 마음

제4부 살다 보면 2

병원을 나오다

어떠세요
주범인 심장에 묻는 것일까
성급한 내가 대답한다
모르겠습니다
이미 한계치를 넘은 주행거리
아직 살아있다는 것을 확인 한 듯
안경 너머로 웃는다
병원 문을 나서다

언제나 봐도 결탁된 듯한
약국 문을 나서다
4월의 햇살이 들락 이는
병원과 약국 사이
맹물 같은 오후를 건너는데
멀쩡한 아픔 하나 웃는다

보름치 4.500원 입니다
평생 먹어야지요
저 여유 배부른 말
그렇게 죽어가라는 말
담배도 술도 끊으라는 말

저승사자 면담한 것 같은

고놈

궁금해서 전화한다.
아이 울음소리 야단스럽다
칠십 년 만에 듣는
우주를 돌아온 손자의 첫 울음
"아버지, 준우 우유 먹어야 해요"
전화가 끊긴다
멍히 창밖을 본다
허허 참 하늘이 흐리다
그놈과 고놈

속노란 고구마

생각나면
서늘한 그늘에 들여놓은
고구마 상자를 연다

삼동의 밤
어머니 잠 뒤척이던 가난이
엊그제 같이 선연한데
난 이렇게 단맛에 호사한다

한 입 베어문다
달작하다
갯내 베인 노란 젖내
입안 가득 그에게 스며든다.

*속노란 고구마는 강화 특산물

앵두

다가서면 툭
무슨 일인가 일어날 것 같다
더는 참을 수 없는 말을
하고 싶은 것이다.

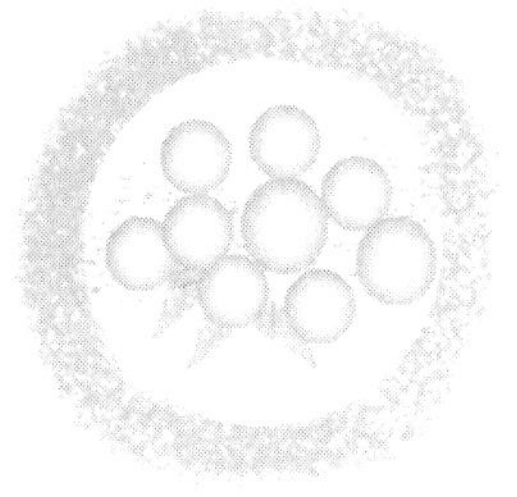

꾼의 예찬

망망대해에
꼬부라진 바늘 하나 던져 놓고
종일 대상어 한 마리 낚지 못하고
돌아서는 모습을
꾼 아닌 사람이 보면 미친 짓이지만
대상어 고래 놈이 그리 쉬운가

갯바위에 부딪친 포말의 끄트머리에
크릴세우 한 마리를 던져 놓고
물가는 데로 흘리다 보면
덥석 물고 늘어진 고래 놈의 비명을
꾼 아닌 자는 들을 수 없는 일

본류와 지류가 만나는 와류 지점
밀물과 썰물이 제 갈 길을 생각하는 사이
초릿대를 휘어잡은 조각구름 그 아래
갈매기 하얗게 파닥거리는 세월
고래 한 마리 낚아챈다.

그곳에서

남태평양 지상낙원 산타모
야자수 나무 아래 의자에 어깨를 맞대고 앉아
에메랄드 바다를 꿈이듯 바라보는 연인
그곳에서 나도 그러고 싶다.

멕시코 휴양도시 칸툰
마천루 스카이라운지 레스토랑에서
향이 진한 에스프레소 커피를 마시며
황혼의 수평선을 말없이 바라보는 연인
그곳에서 나도 그러고 싶다.

오는 길에 중국 石林에 들러
신의 조화인 기이한 형상의 石竹 중턱에 올라
萬象을 내려다보며 감격의 눈물로 포옹한 연인
그곳에서 나도 그러고 싶다.

꿈에라도 그럴 수 있다면
금강산 팔만구암자 유점사에 여장을 풀어 놓고
새벽 법당 뒤 칠성단에
통일을 기원하는 정한수 한 그릇 올려봤으면

일용잡부의 3일

오늘 무슨 날이지
빨래를 걷던 여자는 들은 척도 않는다.
추석 전날이잖아!
내일은 무슨 날 그제야
추석날이지
그럼 다음날은
공휴일이지
그럼 3일 전부가 무슨 날이지
무슨 날은 무슨 날이야 노는 날이지
여자 말이 맞다
쉬는 날이 아니라 노는 날이다
새벽을 나서지 않아도 되는
나 사가시오 하지 않아도 되는
집배원 오토바이가 오지 않는
휴대폰 정지 예고도 없는
그 어떤 간섭이나 감시 없는 자유
현장에서 주워들은
세월호, 유병언, 깽판 정치판
질근질근 씹어도 되는 날
향수를 버무려 취해도 좋은 날
여자여, 오늘 무슨 날이지
3일 내내 연홍색 싸리꽃 피는 날

관광가다

소쿠리 터가 텅 비었다.
마을 사람들 다 가고 없으니
새떼가 신이 났다
들고나도 무심했던 앞산도
성큼 내려와 붉게 타고 있다

들녘은 더 황량해 있는데
까마귀들 걷다가 뛴다

가끔은 짖어대던 앞집 복실이
오늘은 진짜 개 팔자
눈 감추고 관심 밖이다.

그 여자의 집

집을 짓습니다.
거실은 강 쪽이고 안방은 남향입니다
이 층에
방 하나를 올려놓습니다
벽 한곳엔 봄을 들여놓고
천정엔 별들을 매달아 둡니다
딸아이가 펄쩍펄쩍 뜁니다

넓지도 작지도 않은 거실에
푹신한 소파도 들여 놓고
잘 정리된 주방에는
사계의 음악이 흐르게 합니다
베란다 간이 탁자에는 시집 한 권
읽다 잠이 듭니다

이른 아침 딸애와 남편을 보내고
다시 집을 짓습니다
대문에서 현관까지는 잔디를 심고
마당 가득 장미를 심겠습니다
그리고 사랑이라는 이름의 열쇠를
딸아이와 남편에게 주렵니다

늘 집을 짓겠습니다.

보챈다.

현관문 열리는 소리가 나더니
당신이 왔다

봄날 밤에
꿈이 생생하여 갖고 나왔다

품에 들어 자는 듯 아니듯
고만. 고만 들여다보는 내가
계면쩍게 앉아있다

먼 길 오는 내내
얼마나 많은 별을 헤었을까
그 숱한 별을 제 몸 칸칸이 담느라
얼마나 피곤하랴

창가에 달이 기다리고 있다
어서어서 날 샐라
달이 보챈다.

0점의 새벽

나는 새벽에 있고.
24시에서 새벽을 더하는 것이 나의 하루고.
나의 삶 속에 흐르고 있는 무수한 조각들을 실로 꿰어가다 가슴 아린 일이나 벗겨 내지 못한 상처는 메스로 도려내거나 때늦은 용서로 그 부위를 덧붙이거나 하는 일로 남은 생의 진로에 그 뿌리를 두는

나의 새벽
24시의 연속에서 다시 새벽이 올 때까지 잠이 꿈이요 꿈이 나의 전부다.
오늘, 아니 언제부터인가 우주의 영점 즉 수억만 년 전의 거대했던 무의 세계를 추정하고 그 어디쯤에서 생성되었을 존재를 상상하는 어처구니없는 과오에 몸서리를 치면서, 상상도 해서는 안 되는 일이란 것에 도달하여 무너지고, 무너질 일이라는 것을 부르짖고자 하는

오늘을 사는 게 아니다.
어제를 살았을 뿐 내일 따윈 잊어야 한다고 생각한다. 그래서 미의 찬가를 부르며 존재의 의미에 감사

하기도 하며. 기약 없이 기다리지 않는 생을 정리해야 한다고 생각하며. 기회는 순간이지 기회가 어디 있는가. 모르는 일이다. 철학 문학 사상 공자 맹자의 말들이 잠들고, 쓰다 찢어진 글 나부랭이 휴지통에 구겨져 있고, 또다시 입을지 말지 추함을 위장할 옷들이 옷장에 있다는 것을 기억해 낸다. 아, 무슨 의미이던가?

내가 눈을 감은 이 새벽
눈 안에 눈이 있고 그 안에 붉고 검고 어떤 것은 미친 것 같은 점멸의 붉은 유리알들을 만난다. 사랑했다는 것, 미워도 하고 천방지축으로 쏘다녔던 것, 자식에서부터 할아버지 그 위 조상의 행적들 같은, 고마웠지만 이제 그 새벽을 미워하겠다. 지긋지긋한 아무도 이해해주지 않는 0점의 새벽

철마의 울음

휘어진 길을 지날 때마다
칼날 같은 울음을 듣는다.
뜨거운 섬광이 푸른 눈물이 되어
뚝뚝 떨어져 내리면
강물이 받아 울어준다

산맥을 관통할 때마다
뼈마디 어긋나는 신음소릴 듣는다.
한 번쯤 헝클어져 탈출하고 싶은
감당 못할 일들이 주저앉으면
기적이 받아 울어 준다.

나 살아온 날들이
저리 휘어지고 부러져 험난했을지
이리도 저리도 아닌 길
운명이었다고
그래서 철마는 대신 울었겠다.

담배1

밀폐된 칸막이 안의
이방인들
화장터 굴뚝 하나씩 물고
공포의 눈으로
자신을 소각하고 있는
자해 행위

담배2

맞아
입술로 부드럽게 훔치면
너는 독사의 혓바닥처럼
푸른 독소로 온몸을 휘저었지
강렬한 스킨십의 마지막은
언제나 잿불 같은 허무함이었고

마지막 패륜의 토막
이젠 질곡의 계곡으로 던지는 일
배신자는 처량하다.
처음의
돌아갈 수 없는 그 강을
인연 모질게 끊고 다시 건넌다.

담배3
1, 2를 쓰고 나니

오기가 생겼다
야, 이 ㅈ길이만한 새끼야
너 이리 와 봐
너 인삼공사 출생이고
국적은 대한민국이지
인마! 너 왜 인제 와서
유병언 세월호 잠잠해지려는데
열불 나게 하는 거냐
외국 넘들
그 뭐 이름도 잘 모르겠다.
마일드인가 파라마운틴인가
고것들 가만있겠어
통상조약 몇존가 그거 들고 나오면
뭐 어쩔 건데
너 인삼공사 가든지 여의도 가든지
이렇게 전해
예부터 담배 한 개비와 술 한 잔에 인심 났는데
가뜩이나 살얼음판 같은 삭막한 이 세상에
어찌하는 짓이 그 모양이냐고 전해

끊게 됐냐고
누구 좋으라고
국민 건강 좋아하시네
구멍난 소쿠리로 ㅂ가리기 아닌가
내 애인이 차 타면 담배 냄새난다고 짜증이고
뽀뽀하면 콧구멍 막아도
끊지 않고 애국했는데
뭐 담뱃값 인상
이해할 명분이 있어야지
인삼공사 이름 그대로
인삼을 넣는다던가
항암제를 넣는다던가
일라거라를 넣는다던가
하는 짓거리가 돼먹지 않아서
이참에 딱 끊으려 했는데
오기가 생겼다

못 끊는다. 안 끊어

제5부 그곳에 가면 1

강화 가는 길

쫓기듯 달리는 고속도로를
먼저 가는 마음
따라잡기가 불가능하다
혈구산 철쭉 같은 시인이 사는 곳
시속 100K/m가 답답하다.

섬이 뭍으로 다시 섬이 뭍이 된
풍상의 역사를 간직한 강화 길
하루가 저물어 어두워지려 하면
시인은 마니산 봉에 불 밝히리라.

그런 후, 시인과 나는 말벗이 되어
황금색 장화리 바닷가를 걷다가
선창 어느 횟집에 들러
인삼 막걸리에 밴댕이 무침으로
저며드는 황금빛 노을이 되리니

마침내 수런거리던 별마저 잠든
해무 밀려드는 새벽까지 있다가
아침 햇살 따라
마니산 정수사에 올라
푸른 시인의 마을을 내려다보겠다.

전등사의 가을

귀의하면 돌아보지 말라는 불가의 法門처럼
수액의 통로를 닫고 추락하는 단풍잎이
정족산 울타리 안 전등사 뜨락에 내려선다.

이슬에 젖고 폭설에 묻혔다가
햇살에 마르고 비에 씻기고 바람에 흔들리다가
끝내 바스러져 모태의 뿌리로 스며드는 회향
칼끝 같은 구도의 길일 터

만장의 깃발 같은 인파의 발길에
삼랑성 등을 내어준 황톳길도
부처 하나쯤 가슴에 담아가길 기도하는
묵언의 수행이리라

바다를 걸어 나와 바다를 그리는
전등사의 가을 단풍이
보시의 바랑을 둘러매고
예불 끝난 무설전의 고요처럼
길상마을들녘을 내려서고 있구나.

가을 문학기행에서

三寺의 길

東鶴인들 甲寺인들 麻谷인들
오르고 내리는 일이 내가 아니다
붉고 푸른 단풍이 올려다보고 내려다보고
뒤돌아보다가 무심해지는데
미문의 발원지
청아의 면경 물도 단풍잎 두고 간다.

한때는 적멸의 이 길 가장자리만큼에서
짐승이 오고 간 길이고
풀섶 벌레들이 승방을 찾아든 길이리라

세상사 속물을 그대로 뒤집어쓴 채
잠시, 온 길 따라가 보면
다 떠나고 없는 절 마당에
고요는 하얗게 이슬에 젖고
달이 돌다간 탑 무리만 남았겠다.

벗어날 수 없는 三寺의 길이
해탈의 길이면 얼마나 좋을까
어렴풋이 잠기는 나그네의 발길이
무심으로 돌아 설 뿐

몇이나 부처의 길로 간
붓다의 험한 생애를 되돌아봤을까.

*붓다 : 기원전 623년 인도 북부 석가족의 태자
이름, 후에 석가로 불리어짐

태안 기행1

천 리를 달려 만리포를 담아 왔는가
여백에 채우고 싶은 욕망은 언제나 뿌리 없이 흔들리고
천리포 수목원 만리포 사랑
하나같이 사람들을 비켜나 무심함에 길들여졌으니
풍상의 세월을 읽기가 쉽지 않다.

뱃고동 소리 들으며 옛사랑 한 번쯤 그리워해도 좋고
해조음에 묻힌 옛 얘기 일구어 봐도 되련만
들고나는 바닷물 한 모금 건져 내지 못하고
간기에 절여진 솔잎 하나도 무심히 지나쳤으니
5월의 해무에 젖어 너무 멀리 있음이었나.

돌아선 발아래 밟히는 타박 길
가슴속에 아리는 희미한 옛 이여

태안 기행2

看月庵간월암
만공스님 흔적 찾아들었다가
길 문 닫는다기에 돌아 나오니
俗人 흔적 지우는 禁忌의 바닷물
아마
목조 좌상불이
참선하는 시간인가 보다

기다림

간절곶
우체통 하나 붉게 데워져
수평선을 부른다.

열꽃처럼
끓어오른 아침
밤새 태운 연민 뜨겁다.

말을 건네고 간 그 사람
다시 올까
간절곶 우체통 수줍다.

*울산 12경 중의 하나인 간절곶
소망의 우체통

호미곶 虎尾串

동해 파도에 화답하듯 손을 들었다
갈매기 배설물이 굳어진 얼룩을 지워줄
누군가를 기다리는 간절함이다.

전신을 심해에 묻고
걷어붙인 팔뚝으로 펼친 손바닥
다섯 손가락의 의미
준령이 없는 적막강산의 외길로
수많은 사람이 찾아와 던지는 말들
상생이라 했다

반도의 아침 해가 먼저 닿는
화합을 부르짖는 꼭짓점의 호미곶
가물가물 보이는 버러지 같은 섬 하나
어푸, 거푸 자맥질하고 있다.

임진강의 적막

닿을 것 같은 곳에 닿지 않는 벽이 있다
남과 북의 풍경 모두가 적막의 벽이다
마식령에서 흘러와 강물이 된 것이
한 줄기는 적막의 북으로 가고
한 줄기는 자유의 다리를 넘는다.
몰래 우는 강둑의 초병도 적막이다
철조망 가시에 걸린 깃발
총탄의 상처를 치유치 못한 녹슨 철마
모두는 적막의 시간에 묶여 있다.
허물어질 듯 허물어질 듯한, 두려운 적막
관광버스에서 내린 사람들이 연인들이
적막을 보고 느끼고 만지고 갈까
저 적막 속에 감춰진 통한의 울음까지

임진각 통일 전망대에서

限, 강

통한을 끌어안은 북한강은
동토의 사선을 애달프게 넘어
태백 계곡을 흘러온 남한강과 몸섞어
다물 다물 뱀섬을 돌아나가고

늘 그 자리에서
두 물의 해후를 지켜본
임자 없는 황포돛배는
여기가 자유의 땅이라는 이정표

이르지 못한들
언젠가 함께 해야 할
한 곳에 만난 두 물
恨 많은 한강으로 흐른다.

양수리 두물머리에서

장화리

해안선을 돌아 들어온
빗살의 낙조가
갯벌 위로 내려앉으면
뭍을 떠나 멀리 나앉은 바다는
철없이 첨벙거리고

숲 속 그림 같은 펜션들
하나하나 불 밝히면
바닷가 아틀리에 2층 찻집
촛불 하나 서둘러 창가에 메어놓고
운명 같은 음악에 눈을 감은 여인.

나, 잠깐 머물다 와서 누웠는데
목줄 메인 갯벌의 빈 배처럼
갈길 먼 일상을 다독여준 그에게
앗차, 잊었구나.
고맙다는 말도 못했네

*대한민국 3대 일몰지인 강화 장화리 낙조는
사진 촬영가들에게 잘 알려진 곳

운문호를 돌아 나오며

적막을 겹겹이 내려 덮고
하늘 한쪽과 절반의 산이 잠긴
한나절을 내려야 나를 볼 수 있을
면경 같은 운문호雲門湖
하릴없는 사람 생각 없듯 고요하다

삶의 이야기이듯
구부러지고 가파르다가 내리막진 길 따라
산 벚꽃 아우성인데
운무가 앞을 막다가 비켜나고
끊어질 듯 이어지는 뻐꾸기 울음 멀다

잠긴 향수 수몰된 집터의 흔적이
운문사 절간 어디에 있으려나?
잠시 생각하는데
푸드덕 산 꿩 한 마리 날아오른다.
실없는 상상하지 말고 잘 가라하며

*경북 청도군 소재9개리 수몰
청도군과 영천시 대구시에 수돗물 공급 담수량 1억3500만 톤

청풍호

가벼이 찾아들었다가
한 많은 사연 다 듣지 못하고
돌아서는 발길 무겁다
저 물 밑 어디엔가 남아있을
굴뚝 연기여

개 짖는 소리 들릴 듯한
금성 덕산 수산 한수 청풍 마을
자박자박 달빛 따라 이어진 그 길
억겁을 물에 담그고도
잊은 듯 처연한 저 무심

눈물 속에 흐려지는
인적 없는 정화 나루터에
늦가을 노을이 내리는구나
굽이굽이 청풍의 물길 따라
기약 없이 돌아서려니
저 아름다움도 슬픔이려니

봉평

메밀밭이
달밤의 눈밭보다 더 희어
내 누이 버선발로 걷고

물레방아 슬그머니 빙그르르
성씨네 처녀 옷 벗는 수줍음이듯
메밀꽃대는 붉게 달아오르고

흔들 섶다리 넌출넌출 밟고
봉평장터 주막에 든 객
하룻밤 낭군 허생이듯 허풍치며
꽃 주에 취하니

옛날이나 오늘이나
봉평은 그대로다.

무척(無隻)산

오르지 않고서야
금관가야(伽倻)를 읽을 수 있으랴

모은암(母恩庵)을 오르다 보면
두 손 맞잡은 연리지 부부도 만나고
신선봉 오르기 전 천지연에서
158세까지 살다간 수로왕을 만난다.

맑은 날이면
천태산(天台山) 천태호가 눈앞이고
영남의 알프스가 가물가물

사계 어느 날이던
천 삼백 리 낙동강에 어리는 노을이
무척의 설화(說話)를 휘감아 돌면
세속찌꺼기 씻어내는
여차골 백운암의 은은한 염불 소리
山人이여 아니라도 좋다

신선봉 정상에 오르라
기암봉 절벽을 날아오르는 산새처럼
세상사 훌훌 벗어도 좋고
혹시 아는가 수로왕의 아들처럼
160살까지 살아질지

*김해시 생림면소재
특이한 암봉과 많은 설화가 있다

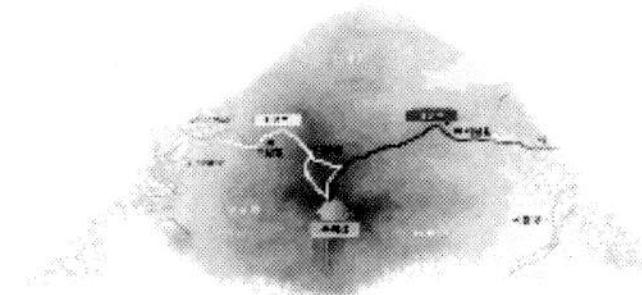

봉하

부엉이 바위가 넋을 놓고
바보가 잠든
너럭바위의 봄을 내려다보고

어느 중년 여인이
쯧쯧
짤막한 탄식을 내뱉고

자전거에 꼬마 손녀 태우고
봉하 들길로 달리는 완벽한 중심
전시장 한 귀퉁이 사진 한 장

봄이다
매화 피고 찔레순 돋는데
쯧쯧
봉하에 온 사람들 모두가 다.

당신이 오실 줄

짓밟힌 육신과 영혼의 상처 그대로
그날의 산도 물도 바람이야 있을 리 없지요
아직도 나는 나룻배
먼 길 오셨으니
마음껏 쉬었다 가십시오
생애 몇 번이나 만나지겠소
살다가 당당한 행인으로 다시 오신다면
나는 언제나 저 기다림의 강가
나룻배 목줄 풀어놓고
물푸레나무 아래 있으리다.

한용운 생가에서

제6부 그곳에 가면 2

세월호 추모시

진도 바다

통곡 같은 비 내리고
파도가 산이 되어 앞길 막아
기다리는 뭍의 사람들 피가 마르는데
맹골 수도를 휘젓는 바람소리만

삶과 죽음 사이에서
생의 복원 줄을 놓고
끝내 몸을 뉘인 세월호
비명을 끌어안고 말이 없다

조명탄이
피눈물 되어 흘러내리는 밤바다
팽목항 마저 주저앉고
모두가 쓰러진 그 위로
두렵게 내리퍼붓는 저 비

아, 진도 바다.

물밑

그 안에
아픈 울음
잡힐 듯한데
건져 올리기엔
산자의 몫으로는 버겁다

꿈같은
4월을 걷는데
비명소리
거두어 담기엔
산자의 몫으로는 버겁다

물밑 세월호엔
불 꺼진
환청의 집이 있다
산자의 몫으로는 너무 아픈
귀청을 찢는 물방울 소리

진도 바닷길

바다뿐이랴
하늘 가득 젖어 내리는데
안타까움을 건져 올리려는
바닷새의 피 울음
지척의 물밑 아이
보듬고 나오려는 어머니
물속을 뛰어드니
바닷길이 열린다 진도 바다
얘야 일어나라 집으로 가자
여기가 어디라고
사람들이
하늘도 땅도 살아있음의 모두가
용서를 빌었으니

세월호

진도 앞바다 팽목의 하늘이여
너무 잔인합니다
있어서는 안 될 일이라 하기엔 너무 큽니다
칠흑의 밤바다 물밑 선내船內 어디선가
두려움에 옥죄어 있을
빠른 물살 차오르는 바닷물을 거슬러 오르다
감당 못 해 지쳐 있을
여린 꽃잎들이 간기에 절여지고 있습니다
그 절망의 순간들을 뭍으로 끌어올리려는
어른들의 힘이 너무나 미약합니다
오열의 피눈물 가족들의 절규가 가득하여
이미 주검 앞에 조의를 표하기도 두렵습니다
온 국민의 기도가 하늘에 닿아
재회의 눈물이 있기를 소망합니다.

다급한 목소리

엄마 바닷물이 들어와요그래 그래 조금만 참아라
물밑으로 끌려간 세월호sos차마 볼 수 없는 생이별
저 물밑 아이들

봄이 가고
여름이 가고
바람이 분다
칼바람 속으로 눈발이 휘날린다
떠나지 못하는 엄마
미안해서 미안해서
유빙처럼 선창에 얼어붙는다

엄마
돌아가요
봄에 만나요.

침묵시위

비명을 끌어안고
입을 꽉 다물었다

절규마저 삼켜버린 파도
허공마저 끌어 덮었다

진도의 수평선이
금 줄 그었다.

파도

구멍 뚫린 진실이 잠긴 바다는
파도를 밀어 올려 분노한다
하루가 두려운 시간
이젠, 갯바위 허리를 오르내리는
파도의 소리를 들어라
더는 아무것도 할 수 없다
죽은 자의 애원마저 외면한
산자의 입이 더 굳게 닫힌 모순
이젠 파도가 통곡한다
6천만이 빌었다
슬픈 감동이었다
아낌없이 다 주었다
제 몸 잘게 부수어 대신하는 파도 소리
절규로 얼룩진 선창을 쓸어낸다
세월호에 목줄을 메어두고 돌아서라
남은자의 몫은 유효하다
잊히는 진도 바다.